AF242947

ETHNOGRAPHIE.

NOUVELLES OBSERVATIONS

SUR

L'ORIGINE DES BERBERS-THAMOU

A PROPOS DES LETTRES SUR LE SAHARA

ADRESSÉES

PAR M. LE PROFESSEUR E. DESOR A M. E. LIEBIG.

PAR

M. LE Baron HENRI AUCAPITAINE.

Membre de la Société de Géographie de Genève.

PARIS

CHALLAMEL AÎNÉ, LIBRAIRE-ÉDITEUR,

COMMISSIONNAIRE POUR LA MARINE, LES COLONIES ET L'ORIENT,

30, rue des Boulangers, et rue de Bellechasse, 27.

1867.

Paris. — Imprimé par E. THUNOT et Cᵉ, 26, rue Racine.

ETHNOGRAPHIE.

—

NOUVELLES OBSERVATIONS

SUR L'ORIGINE DES BERBERS-THAMOU

A PROPOS DES LETTRES SUR LE SAHARA

Adressées par M. le professeur E. DESOR à M. E. LIEBIG (1).

A la suite d'un très-intéressant voyage dans le Sahara oriental, M. le professeur E. Desor, dont le nom est surtout connu des naturalistes, a adressé à M. Liebig plusieurs lettres dans lesquelles il résume ses observations sur cette contrée si curieuse à tous égards. Déjà M. le professeur Charles Martins avait publié en France un tableau charmant et érudit de son excursion dans « le lit de cette Méditerranée desséchée, » et il avait succinctement retracé les résultats géologiques obtenus par son ami et collaborateur M. Desor, dans cette exploration faite en commun.

Il était difficile à un observateur aussi éminent que le professeur suisse de limiter son travail aux seuls accidents purement physiques, dans une contrée dont les derniers bouleversements sont évidemment contemporains de la race humaine, s'ils ne durent encore.

(1) Desor, *Aus Sahara und Atlas, vier briefe am. J. Liebig*, Viesbaden, 1865.

M. Desor a eu à parler des races sahariennes, et par conséquent de cette race berbère, qui joue un si grand rôle dans l'économie ethnographique du nord de l'Afrique.

A ce propos, il a rappelé les découvertes récentes faites par les égyptologues au sujet du peuple Thamou, qui paraît présenter une grande analogie d'origine avec les Berbers.

Ceux qui se sont occupés des populations africaines, savent que la race berbère n'est point *une,* qu'elle est composée de plusieurs couches de populations diverses, bien que toutes d'origine commune résultant de migrations successives. C'est un chaos que la critique démêlera sans doute un jour, et l'on pourra alors rattacher les Berbers à telle ou telle migration, comme aujourd'hui on peut en toute certitude dire que telle ou telle tribu arabe appartient aux Arabes de la première ou de la seconde invasion.

C'est aux premières migrations berbères que sont dues les constructions cyclopéennes, ou troglodytiques, dont quelques-unes ont été signalées en Algérie (1), et surtout cette quantité innombrable de monuments primitifs, fort improprement appelés celtiques, qui couvrent le nord de l'Afrique de leurs débris, et font par leur multiplicité même rejeter l'idée, fort plausible d'abord, du séjour des légions bretonnes (2). Ces monuments, disons-nous, uniformes dans leur architecture générale, mais très-variés dans leurs grossiers

---

(1) Devaux, *les Kebaïls de Djerdjera,* p. 203. — Aucapitaine, *Notes sur le Haauran.* Annales des Voyages, 1862, t. IV, p. 23 et 24.

(2) N'est-il pas digne de remarque, d'ailleurs, que dans la Galatie et les autres parties de l'Asie Mineure peuplées de colonies venues des Gaules, il n'y pas trace de monuments celtiques ?

détails, ont d'abord été signalés dans la province de
Constantine (1). On en retrouve partout aujourd'hui :
sur les hauts plateaux et dans les steppes immenses
qui séparent le Tell de la région saharienne, entre Bo-
ghar, Taguin, Zenina, plus au sud à M'sad, Djelfa,
Laghouat, la vallée à l'Oued-M'zi ; plus à l'ouest aux
environs de Tiaret.

Le tombeau de la chrétienne, le Medracen, les Dje-
dar de la Mina, paraissent être l'expression la plus
élevée de cet ordre de monuments dont l'analogie avec
les Nurhag de la Sardaigne nous paraît au moins pro-
bable.

D'après les dernières recherches faites en Europe, on
peut rattacher les nombreuses édifications celtiques de
l'Asie à l'âge de pierres, surtout si l'on tient compte
du mode d'inhumation, c'est-à-dire des corps repliés.
Inhumation qui a été en usage dans la plus haute antiquité chez tous les peuples du bassin méditerranéen,
et dont j'ai retrouvé des traces en Corse et aux Ba-
léares (2).

Ces monuments doivent être attribués à la race lybo-
berbère, dont les débris épars successivement divisés,
fractionnés, cantonnés par les Phéniciens, les Carthaginois, les Romains, les Vandales et surtout les Arabes,
occupent encore aujourd'hui, sous des dénominations
diverses (3), la plus grande partie de l'Afrique septentrionale.

(1) C'est surtout à M. l'interprète Féraud que l'on est redevable de ces
découvertes.

M. le chef de bataillon Payen a signalé *dix mille* menhirs dans le seul
cercle de Bordj-Bou-Arreridj. — Voy. *Ann. Soc. Arch.*, Constantine,
1864, p. 126. *Paris*, Challamel.

(2) Diodore, lib. V, p. 18. — Aucapitaine, *Bull. monumental*, 1865.
p. 620.

(3) Berbers, Chaouïa, Kabiles, Chellouh', Mzabi, Touâregs, etc.

1.

Ces Berbers sont-ils, comme on le croit généralement maintenant, les descendants des Hyksos, qui, après un long séjour dans la vallé du Nil, furent chassés de l'Égypte par un prince de la dynastie d'Amenouphis (1).....? Sont-ils les fils de cette race blond ardent, dont on trouve encore tant de types dans les diverses kabylies, et dont la couleur était devenue un objet de haine pour les Égyptiens, auxquels elle rappelait une domination abhorrée (2)...?

Attachons-nous plus spécialement à ce peuple Thamou, dont la proche parenté d'origine avec les Hyksos (dénomination tout égyptienne?) est désormais acquise à la science.

2800 ans avant notre ère, les Pharaons dépêchèrent une ambassade aux Thamou.

Ces Thamou sont cités sur les monuments égyptiens

(1) Sans y attacher maintenant d'autre importance que celle d'un rapprochement intéressant, signalons qu'il est au moins curieux de retrouver cette tradition répandue dans plusieurs tribus de l'Algérie. Ainsi les Sahari, tribu méridionale de la province d'Alger, racontent une légende mystérieuse, d'après laquelle « ils seraient venus s'établir dans la contrée pour échapper au Pharaons d'Égypte.... » — Voir *Notes sur les Sahari*, par M. l'interprète Arnaud, *Revue Africaine*, 1864, t. VIII, p. 105.

(2) Les nomades Hyksos, soit qu'avec Eusèbe et le Syncelle on les considère comme de race phénicienne, soit qu'avec Manéthon on en fasse des Arabes, étaient certainement d'origine sémitique dans la plus large acception de cette qualification exclusivement géographique. D'ailleurs l'identification des Hyksos et des Cananéens est justifiée par les nombreuses traditions qui rattachent les Berbers tantôt à l'un, tantôt à l'autre de ces peuples. On sait, s'il est possible de s'en rapporter au fameux texte du *Pœnulus* de Plaute, que les Carthaginois appelaient une partie de l'Afrique « le pays de Canaan. » Saint Augustin la désignait de même.

Quant aux migrations des Arméniens, des Mèdes et des Perses rapportées par certains historiens, il est permis de supposer que, si jamais des individus de ces nations vinrent par bandes en Afrique, c'étaient des soldats mercenaires envoyés de Phénicie dans les colonies puniques. Quelques monuments mithriaques, découverts en Algérie, donnent crédit à ces traditions dont Salluste s'est fait le principal rapporteur.

de la XVIIe et de la XVIIIe dynastie, où ils sont repré-
sentés par le type tout caucasique d'un homme blanc;
ils... « ont la teinte de peau que nous nommons cou-
« leur de chair ou peau blanche, de la nuance la plus
« délicate, le nez droit ou légèrement voussé, les yeux
« bleus, barbe blonde ou rousse, taille haute et très-
« élancée, vêtus de peaux de bœufs conservant encore
« leur poil, véritables sauvages tatoués sur diverses
« parties du corps. On les nomme TᴀᴍHOU (1). »

Avant cette époque déjà reculée, les Thamoudites
et les Adites occupaient les plaines alors fertiles du
Tigre et de l'Euphrate. Quelques-uns de leurs chefs
régnèrent même sur Babylone (2). C'est de l'Irak que
ces populations se répandirent plus tard sur l'Égypte,
qu'ils envahirent après avoir établi quelques fractions
des leurs en Arabie, où l'on retrouve de leurs constructions (3).

Cette invasion des Thamoudites et des Adiles laissa
des traces profondes dans les esprits, et les circon-
stances qui l'avaient provoquée durent frapper les peuples, car le Koran nous offre un résumé légendaire de
leur histoire telle qu'elle devait être traditionnellement
racontée à l'époque où Mohammed écrivit le livre.

Adites et Thamoudites vivaient en confédération,
comme sont encore organisés les peuples d'origine berbère, qui n'ont pas subi le joug de la conquête (4).

---

(1) Champollion le jeune, *Lettres écrites d'Égypte et de Nubie*, p. 248
et suivantes.

(2) Sédillot, *Hist. des Arabes.* p. 14.

(3) Le Koran, chap. XLVI. Peut-être pourrait-on supposer qu'ils ont
un moment occupé tout le grand pays arabique, depuis Mossoul, au nord,
jusqu'à la mer, au sud.

(4) Koran, chap. XI, v. 31. Ceci résulte du sens indiqué par le regret-

— 8 —

Ils furent l'objet d'un châtiment céleste analogue à ce-
lui qui, d'après la tradition biblique, aurait été infligé
aux villes de la mer Morte (1) ; ils furent violemment
expulsés de leurs territoires pour avoir méconnu les
enseignements de Dieu (2).

Il s'agit évidemment de quelque grande catastrophe
physique. Le Koran parle de vents violents et d'une
sécheresse exceptionnelle de plusieurs années (3). Ces
désastres durent amener la perte des troupeaux et con-
traindre les pasteurs à une émigration en masse.

Cet événement eut lieu après le déluge de Noé, et
avant la catastrophe des villes de la Pentapole (4).

Remarquons, en passant, qu'une tradition dont le
judicieux Eb-Khaldoun a d'ailleurs fait justice, attribue aux Adites et aux Thamoudites une taille colos-
sale (5). Nous mentionnons cette légende parce qu'elle
se retrouve en Kabylie, où l'on attribue les habitations
troglodytiques du Djerdjera occidental à une race de
géants. C'est celle que les premiers explorateurs ont
également rapportée à propos des Guanches des îles
Canaries.

Sans attacher une grande importance à ces traditions communes à l'enfance de tous les peuples, peut-
être n'est-il pas inutile de les rapporter, quand elles

table Kasimirski à propos de l'expression *El Ahzab*, pluriel de *Hizb*,
qui signifie « *confédérés.* » Notes du Koran, édit. Charpentier, p. 385.

(1) Koran, chap. XXXVIII, v. 11 et 12 ; chap. XL, v. 33 ; chap. L, v. 12
et 13 ; chap. LIII, v. 51 à 54 ; chap. LXIX, v. 4, 5 et 6.

(2) Koran, chap. XI, v. 52, 62 à 72, 91, 98 ; chap. XXVI, v. 123 à 175 ;
chap. XXVII, v. 46 et suiv.

(3) Koran, chap. XXIX, v. 37 ; chap. XLVII, v. 23 ; chap. LII, v. 41-
43 ; chap. LIV, v. 19, 20 et suiv.

(4) Koran, chap. L, v. 12 ; chap. LI, v. 40 ; chap. LIII, v. 54 ; chap.
LXIX, v. 9.

(5) Koran, chap. VII, v. 67.

donnent lieu à des rapprochements. C'est à la critique d'en tenir un compte sévère.

Les thamoudites, dont le livre sacré des musulmans nous retrace ainsi la fabuleuse histoire, ont-ils une origine commune avec les Sabéens Couchites, comme le présume M. Caussin de Perceval, et paraît le supposer M. Ernest Renan (1)?... C'est une question d'érudition à laquelle nous ne nous permettrons pas de toucher.

Adites et Thamoudites peuplèrent les hauts plateaux abyssins et éthiopiens. Puis chassés de l'Égypte en même temps que les Hyksos (?), ils s'étendirent dans tout le nord de l'Afrique, qu'ils occupèrent jusqu'aux Canaries (2).

Nous pouvons corroborer les remarquables considérations ethnographiques émises par M. Desor, et la théorie que nous venons nous-même d'exposer sur ce peuplement de l'Afrique septentrionale par des Berbers Thamou, au moyen de quelques notes que nous suggère l'étude critique de l'Afrique ancienne et contemporaine.

L'ethnique Thamou est encore très-répandu en Algérie et au Maroc : c'est la dénomination d'un grand nombre de fractions ou de familles des pays berbers, particulièrement dans l'ouest, où prédomine cet élément berber. Nous connaissons une tribu de Beni-Thamou, dans le cercle de Tenez; il y en a dans le Métidja, et le Djebel *Thamoura*, au Maroc, rappelle égal-

---

(1) Caussin de Perceval, *His. des Arabes avant l'islamisme*, tome I, p. 45. — Ernest Renan, *Hist des langues sémitiques*, p 319.

(2) Il est incontestable que les Guanches étaient des Berbers. Nombre de localités des Canaries portent encore des noms berbers, tels *Azerou, Taourirt, Tiguest, Akham, Amokran*, etc.

lement leur séjour. Il y a des *kel* Thémourat chez les
Touâregs occidentaux. Ce n'est pas loin de là que le
suffète carthaginois Hannon avait fondé « à deux
jours des Colonnes, » la ville de Θυμιαθήριον (1) (*Thy-
miatherium*), dont la première partie du nom atteste
un ethnique indigène défiguré par les Carthaginois,
puis par les Grecs, comme cela a eu lieu pour tant de
noms berbers.

Signalons encore les villes de Thamougas (2), Thamousida (3).

Une inscription de Lambèse cite un personnage du
nom de *Tamudus venustus* (4).

Depuis l'antiquité jusqu'à nos jours, les Thamoudites ont laissé des traces de leur établissement dans
la région atlantique, où on les retrouve encore avec
leurs noms et parlant cet idiome berber, qui paraît
être une des langues les plus anciennes du monde.

Nous avons dit plus haut que les Thamou avaient
occupé le sud de l'Égypte et les plateaux abyssins. La
géographie moderne et surtout la philologie, nous ré-
vèlent l'étroite parenté qui existe entre les populations
berbères, et celles du plateau abyssinien (5).

L'ethnique Aoua, cité sur la célèbre inscription d'A-

(1) Hannonis Peripl. *Petits géographes grecs de C. Muller*, t. I, p. 1.
Cette colonie était entre Salé et Rabath. — Voy. Vivien de Saint-Martin,
le Nord de l'Afrique dans l'antiquité, p. 357 et suiv.

(2) *Colonia Marciana Trajana Thamugas*, aujourd'hui Timegád
dans l'Aurès.

(3) *Thamousida*, côte ouest du Maroc, citée par Ptolémée (IV, 1,
p. 252). La moderne Mogador.

(4) Léon Renier, *Inscr. romaines*, n° 100. B.

(5) « ..... Il y a bien des découvertes à faire dans la comparaison du
berber des Touâregs et des langues des nègres voisins avec les idiomes de
l'Abyssinie.... » Henri Tauxier, Ethnographie de l'Afrique septentrionale,
Revue Africaine, t. IX, p. 462. — Ces analogies n'ont point échappé à

dulis (1), est de nos jours le plus répandu dans toute l'Afrique septentrionale : il est porté par de nombreuses tribus et fractions berbères. C'est même le nom collectif de la plus grande confédération kabyle : *ag* Aoua, pluriel *ig* Aoua *ouen* (les zouaoua des Arabes). MM. Beke et Antoine d'Abbadie ont fait connaître l'importance ethnographique du peuple *Ag* Aoua aborigène(?) du plateau abyssin, où il est connu sous les différents noms de *Ag* Aous (2), d'*Ag* Aou *Midem*. Comme nos Berbers touâregs qui sont fiers de leur nom d'*Amazir*, (pluriel *imaziren*), hommes libres, les anciennes populations du Tigré se désignaient orgueilleusement sous le nom d'Agazian, qui a également cette signification d'hommes libres.

Je suis particulièrement frappé, quand je lis un voyage en Abyssinie, de retrouver à chaque page les noms avec lesquels mes recherches sur les Berbers m'ont le plus familiarisé... *Taka*, *Axoum*, *Tigri*, *Mass aoua* (pour miss ou mess), *Meroé* même, etc...

Ne pourrait-on pas conclure de ce qui précède que le peuple thamou, mentionné sur les textes pharaoniques, et dont l'histoire est racontée dans le livre sacré des musulmans, peuple dont les traces semblaient perdues, est venu occuper les régions atlantiques à une époque reculée ?

D'après les monuments que nous pouvons lui attribuer avec quelque certitude, cette époque serait celle

la critique si pénétrante de M. Ernest Renan, *Hist des langues sémitiques*, 3ᵉ édit., p. 339

(1) Vivien de Saint-Martin, sur l'Inscription d'Adulis, *Journal Asiatique.* 1863, n° 38, p. 351. Et du même auteur, *L'Afrique dans l'antiquité*, p. 224.

(2) Comparez *N'gaous*, bourgade du Hodna, à quatorze lieues est de *M'sila* et quatre lieues nord-est de *Tobna*, ancienne ville assez considérable, la *Necaus* de Léon l'Africain.

que les ethno - archéologues désignent sous le nom
d'âge de pierre... Ces Thamou se sont maintenus jusqu'à nos jours mêlés à leurs congénères de cette grande
famille berbère, dont l'importance ethnographique dans
l'histoire des races humaines, semble avoir été beau-
coup plus considérable qu'on ne l'avait supposé jus-
que dans ces dernières années.

Après la lecture de l'intéressant travail de M. E.
Desor, nous avons été frappé des rapprochements
auxquels pouvait donner lieu une partie de sa thèse
sur les origines des Berbers (1). Ces rapprochements
nous ont amené à faire quelques recherches qui nous
ont semblé avoir assez de valeur pour être rapidement
résumées. Mais bien loin de nous la prétention de vou-
loir ériger ici un système ethnographique, qu'il appartient aux érudits seuls de développer.

(1) E. Desor, *Aus Sahara und Atlas*, etc., p. 60., 61.

Paris. — Imprimé par E. Thunot et Cᵉ, 26, rue Racine, près de l'Odéon.